ウオッチマン・ニー著

もし
だれかが
罪を犯すなら

JN061251

初信者シリーズ

6

JGW日本福音書房

もしだれかが罪を犯すなら

聖書：ヨハネ五・十四、八・十一、ローマ六・一―二、民十九・一―十、十二―十三、十七―十九、Ⅰヨハネ一・七―二・二

わたしたちは救われた後、再び罪を犯すべきではありません。ヨハネによる福音書第五章で主イエスは、ベテスダの池で三十八年間病んでいた人をいやされ、その後、主は彼を宮の中で見つけられ、彼に言われました、「見よ、あなたは良くなった。もう罪を犯してはいけない。もっと悪いことがあなたに起こらないためである」（十四節）。ヨハネによる福音書第八章では、主イエスは一人の淫婦を赦され、その場で彼女に言われました、「今後はもう罪を犯してはいけない」（十一節）。ですから、わたしたちが救われると、主はわたしたちに、もう罪を犯してはいけないと一つの命令をされます。すでに救われたわたしたちは、断じて罪の中に生きてはいけません。

一　救われた後に罪を犯す問題

クリスチャンであるなら、罪を犯してはいけませんし、断じて罪の中に生きてはいけませんが、クリスチャンは罪を犯さないことができるのでしょうか？　できます！　クリスチャンは罪を犯さないことができるのです。なぜなら、わたしたちの中には神の命があるからです。この命は罪を犯さず、この命は少しも罪に譲歩することがありません。神が聖であられるように、この命も聖です。この命はわたしたちの中で、罪に対して特に鋭敏な感覚をわたしたちに持たせます。もしわたしたちがこの命の感覚にしたがって生きるなら、もしこの命の中で生きるなら、わたしたちは罪を犯すことがありません。

しかし、クリスチャンにも罪を犯す可能性があります。なぜなら、わたしたちはまだ肉体の中にいるからです。もし聖霊にしたがって行動しないなら、もし命の中で生きないなら、いつでもどこででも罪を犯す可能性があります。ガラテヤ人への手紙第六章一節は言います、「兄弟たちよ、たとえだれかが、何かの違犯に陥ったとしても……」。ヨハネの第一の手紙第二章一節は言います、「わたしの小さい子供たちよ、……もしだれかが罪を犯すなら……」。クリスチャンは依然として「違犯に陥る」ことがあり得ること、依然として罪を犯すことがあり得ることを、見ることができます。ヨハネの第一の手紙第一章八節は言います、「もし、自分には罪がないと言うなら、わたしたちは自分を欺いているのであって」。十節は言います、「もし、わたしたちが罪を犯したことがないと言うなら、神を偽り者とするのであって」。ですから、経験の上で、クリスチャンは不幸にも罪を犯すことがあるのです。

それでは、人が救われた後に、もし不幸にも罪を犯してしまったなら滅びてしまうのでしょうか？　滅ぶことなどありません！　なぜなら、主は言われたからです、「わたしは彼らに永遠の命を与える。彼らは決して永遠に滅びることはない。まただれもわたしの手から、彼らを奪い去りはしない」（ヨハネ十・二八）。言い換えると、人は救われたなら永遠に救われるということです。「彼らは決して永遠に滅びることはない」。これ以上に確かなことはありません。コリント人への第一の手紙第五章は、一人の兄弟が淫行の罪を犯したことに言及しており、パウロは次のように言っています、「そのような者を、彼の肉を破壊させるためにサタンに渡したのです。それは、彼の霊が主の日に救われるためです」（五節）。これもまた、人が救われた後に罪を犯してしまうなら、彼の肉は滅ぼされるとしても、彼の霊はやはり救われるということを言っています。

このようであるなら、救われた後に罪を犯すということは別に構わないことなのでしょうか？　そうではありません！　救われた後に罪を犯すなら、二つの恐るべき結果があるのです。

第一は、この世において苦痛を受けることです。救われた後に罪を犯すなら、必ず罪を犯した結果が生じます。ちょうどコリント人への第一の手紙第五章で言っているように、このような者をその肉が破壊させるためにサタンに引き渡すのです。これは一つのとても大きな苦痛です。ある罪を犯した後に、もしあなたが罪を悔い改め、罪を告白するなら、神はあなたを赦し、血はあなたを清めるでしょうが、罪の結果を免れる方法はありません。ダビデがウリヤの妻をめとったということについて、エホバは彼の罪を除かれましたが、剣はいつまでも彼の家を離れなかったのです(サムエル下十二・九―十三)。ああ、兄弟姉妹よ、罪は楽しいおもちゃではなく、毒蛇のようなものであり、もしそれにかまれたなら必ず苦痛を受けます。

第二は、来たるべき世において刑罰を受けることです。もしクリスチャンが罪を犯し、この時代においてそれを正しく対処しなければ、来たるべき時代になった時にそれを対処しなければならなくなるでしょう。主が再来される時、「それぞれに、行ないにしたがって報いてくださるからである」（マタイ十六・二七）とあります。パウロは言いました、「なぜなら、わたしたちはみな、キリストの裁きの座の前に現れなければならないからであり、それは善であれ悪であれ、めいめいが実際に行なった事にしたがって、体を通してなされた事柄に対して報酬を受けるからです」（Ⅱコリント五・十）。

この二つの恐ろしい結果以外に、もう一つすぐに生じる結果があります。すなわち神との交わりが断たれるということです。クリスチャンが神と交わることができるということは、最も栄光な権利であり、また最大の祝福でもあります。しかし、クリスチャンが罪を犯すなら、すぐに神との交わりを失ってしまいます。聖霊は彼の中で彼のために憂い、彼の中の命は自分の罪について心地よくない感覚を与えます。彼の喜びは失われ、神との交わりも失われてしまいます。以前は、彼は神の子供たちを見るととても親しく感じたのですが、今は親しく感じられず、何か一枚の仕切りがあるように思えます。以前は、祈ることや聖書を読むことにとても味わいがありましたが、今は味わいがなく、神に触れられません。以前は集会がとても大切なものと感じ、一回行かなければ、とても大きな損失を被ったように感じましたが、今は集会も味わいが薄く、行かなくてもどうでもよいように思えます。神の子供たちに出会うと、避けたいと思うだけで、親しく近づきたいとは思わず、すべては全く変わってしまいます。

ですから、救われた後に罪を犯すことは、とても重大なことです！　わたしたちは、わたしたちの行ないを絶対にいい加減にすることのないようにしなければなりません。罪がわたしたちの身の上で地位を得ることを絶対に許してはなりません。

しかし、「もしだれかが罪を犯すなら」、どうすればよいのでしょうか？　もしクリスチャンが不注意であり、不幸にも罪を犯してしまったなら、「違犯に陥った」なら、どうすればよいのでしょうか？　どのようにすれば神の御前へ再び戻れるのでしょうか？　どのようにすれば神との交わりが回復されるのでしょうか？　これはとても重要な問題です。わたしたちはよくよくこの問題を見る必要があります。

二　主はわたしたちのすべての罪を担われた

この問題を解決するのに、第一に見なければならないことは、主イエスが十字架上に釘《くぎ》づけられた時、彼はわたしたちのすべての罪を担われたということです。主イエスが十字架上でわたしたちに代わって担われたものは、すべての罪を含んでいるのです。わたしたちが一生において犯す罪、過去のものだけでなく、現在のものも、将来のものも、主は十字架上で完全にわたしたちに代わって担われたのです。

しかし、わたしたちが主を信じたその日、神によって照らされた時に、わたしたちが感じた一切の罪とは、わたしたちが主を信じたその日以前のすべての罪を指しています。神によって照らされた罪をわたしたちは感じることができるだけで、犯していない罪を感じることはできません。ですから、主イエスの担われた罪とわたしたちの感じる罪とは、同じではありません。主イエスは十字架上でわたしたちのすべての罪を担われましたが、わたしたちはただわたしたちの過去に犯した罪を見るだけなのです。

あなたが十六歳で救われたとしても、あるいは三十二歳で救われたとしても、あなたが救われる前の多くの罪を主はすべて赦してくださったと、あなたは確かに感じるでしょう。しかし、あなたがそこで赦された時、あなたが赦されたと感じる罪は、実際に主によって担われた罪ほど多くありません。あなたは、あなたが罪を犯した経験に基づいて主の恵みを知りますが、主はわたしたちが犯した罪を知っておられるところに基づいて、わたしたちに代わって担ってくださったのです。わたしたちは、わたしたちが感じていない罪も、主イエスの贖いの中に含まれていることを、知る必要があります。

あなたが十六歳で救われ、仮に十六年の間に一千件の罪を犯したとします。あなたが十六歳で主を信じた時に、あなたは「主よ、あなたに感謝します。わたしのすべての罪は赦されました。それは、あなたがわたしのすべての罪を担ってくださったからです」と言います。あなたは、主があなたのすべての罪を担ってくださったと言いますが、その意味は、主があなたの一千件の罪を担われたということです。もしあなたが三十二歳で救われたなら、どうでしょうか？　比例にしたがって言うなら、三十二歳までに仮に二千件の罪があるとしても、あなたは言うでしょう、「主よ、あなたはわたしのすべての罪を担ってくださいました」。あなたが六十四歳で救われたとしても、あなたは言うでしょう、「主よ、あなたはわたしのすべての罪を担ってくださいました」。ですから、とてもはっきりしていますが、主はあなたの一歳から十六歳までの罪を担われ、また主はあなたの十六歳から六十四歳までの罪をも担われたのです。主は十字架上であなたのすべての罪を担われました。十字架上のあの強盗も、死の直前に主を信じましたが、主は彼のすべての罪を担われたのです(ルカ二三・三九―四三)。言い換えれば、主は十字架の上でわたしたちの全生涯の罪を担われたということです。わたしたちが救われた時、経験上では、わたしたちは今までに犯した罪が赦されただけだと感じるにすぎないかもしれませんが、事実上、主はわたしたちのすべての罪を担われたのです。わたしたちが救われた後に犯す罪でさえも、その中に含まれているのです。わたしたちはまずこの事実をはっきりと知る必要があり、そうしてこそ交わりを回復する道をはっきりと知ることができます。

三　赤い雌牛の灰の予表

わたしたちはまた赤い雌牛の灰の予表の中に、主の死がわたしたちの一切の罪を担ったということを見ることができます。

民数記第十九章は、旧約の中で特別な章です。ここで用いられているのは雌牛であり、これは特別なことです。ここでは、目の前の必要に応じるためではなく、将来の必要に応じるためですが、これもまた特別なことです。

二節で神はモーセとアロンに言われました、「イスラエルの子たちに告げて、欠陥がなく、傷がなく、くびきを負ったことがない赤い雌牛を、あなたの所に引いて来させなさい」。ここで用いられたのは雄牛ではなく、雌牛です。聖書の中で、性別はとても意義のあるものです。真理の証しのためのすべてのものには男性形が用いられていますし、命の経験のためのすべてのものには女性形が用いられています。これは、聖書を読むのに知っておかなければならない原則です。アブラハムは信仰によって義とされることを表し、サラは服従を表しています。信仰によって義とされることは、客観面、真理の面、証しの面のことであり、服従は主観面、命の面、経験の面のことです。全聖書の中で、教会がすべて女性形を用いて表されているのは、それが主観的なことであり、主が人の身の上においてなされた働きであるからです。

このように、ここにおいて雄牛ではなく雌牛が用いられているのは、これが主の働きの別な一面を表しており、わたしたちの身の上における主の働きの一面を表しているからなのです。ですから、赤い雌牛の表しているの働きというのは、主観的なものであり、客観的なものではありません。

この一頭の牛をどのようにするのでしょうか？　それを殺し、指でその血を取り、会見の幕屋の前に向かって七度振りかけます。言い換えれば、血はやはり神にささげられるものです。なぜなら、血の働きは必ず神へのものだからです。一頭の牛の血を、会見の幕屋の前に向かって七度振りかけることは、神へささげることであり、罪の贖いのためのものです。

この一頭の赤い雌牛を殺した後、持って行って焼きます。牛の皮と肉と血と汚物はすべて焼かれます。赤い雌牛のすべてが焼かれます。その牛を焼いている時に、祭司は香柏《こうはく》の木と、ヒソプと、緋《ひ》の糸とを、火の中へと投げ入れます。香柏の木とヒソプには何の意味があるのでしょうか？　列王紀上第四章三三節は、ソロモンが樹木のことを論じて、香柏の木からヒソプにまで及んだと言っています。それはすべての樹木を含んでいること、全世界を含んでいることを意味します。緋の糸には何の意味があるのでしょうか？　原文によれば、「糸」という文字はなく、イザヤ書第一章十八節で言っている「緋」と同じ文字です。このことから、緋はわたしたちの罪を表します。ですから、香柏の木、ヒソプ、緋の糸と牛とを一緒に焼くという意味は、全世界のすべての罪と、神にささげる一頭の牛とを一緒にして、共に焼くということです。ここにおいて、わたしたちは十字架の絵を見ることができます。主イエスはご自身を神へささげられ、わたしたちのすべての罪をその中に含めました。大きな罪がその中にあり、小さな罪もその中にあります。過去の罪がその中にあり、現在の罪がその中にあり、将来の罪もその中にあります。人が赦しを得たと感じた罪がその中にあり、人が赦しを得たと感じていない罪もその中にあります。すべての罪が、完全にその中にあり、すべてがこの一頭の牛の上に置かれ、一緒に焼かれたのです。

焼き終えた後、どのようにするのでしょうか？　民数記第十九章九節は言います、「清い人がその雌牛の灰を集めて営所の外の清い所に置き、それをイスラエルの子たちの集団のため、汚れを除く水のために保存しておかなければならない。それは罪のためのささげ物である」。これはどういう意味でしょうか？　雌牛の特別な点がここにあります。この一頭の赤い雌牛を焼き、香柏の木とヒソプも焼き、緋の糸も焼き、その灰を集め、蓄えておきます。以後もしイスラエルの子たちが汚れたものに触れて、神の御前に清くない者になったなら、清い人が汚れを除く水を用いて赤い雌牛の灰を調合し、この清くない者の身に注ぎかけて、彼の汚れを除き去らなければばなりません。言い換えれば、この灰の用途は、汚れを除き去るためであり、将来において清くなくなった時に用いるため前もって準備しておく「予備」としてのものです。

旧約において、罪人は神の御前に出て、いけにえをささげる必要がありました。しかし、もしある人がすでにいけにえをささげていて、再び汚れたものに触れるなら、彼は神の御前で清くない者であり、神と交わることができません。それでは、どうすればよいのでしょうか？　この清くない者のために、赤い雌牛の灰を取って器の中に入れ、流れの水を加え、汚れを除く水を調合し、彼の身に注ぎかければ、彼の汚れは除き去られ、彼の罪は赦されるのです。イスラエル人が、牛か羊を神の御前に連れてきて、罪祭をささげるのは、彼が自分に罪があることを知っているからですが、赤い雌牛はまた別の事なのです。赤い雌牛が焼かれるのは、彼が認識している過去の罪のためではなく、彼の将来におけるすべての汚れのためなのです。赤い雌牛が焼かれるのは、過去の罪のためではなく、将来の罪のためなのです。

このことはわたしたちに、主イエスの贖いのみわざの別な一面を見せています。主イエスのみわざのある部分は、赤い雌牛の灰と同様であり、すべての罪を贖う効力が全部この中にあり、全世界の人のすべての罪がみなこの中にあり、血もまたこの中にあります。将来、いかなる時においても、もしあなたが汚れたとしても、清くないものに触れたとしても、あなたは再び一頭の赤い雌牛をほふって神にささげる必要はありません。ただ一頭のすでにささげられた赤い雌牛の灰を調合した水を、身に注ぎかければそれでいいのです。言い換えれば、主がわたしたちのために第二のみわざをなさる必要はないということです。主の贖いのみわざの中には、わたしたちの将来のすべての汚れ、すべての罪のために、すでに準備があるのです。主の贖いにおいて、すべてがすでに完全に準備されました。

灰にはどんな意味があるのでしょうか？　聖書において、灰は最終的な形を表すものです。牛でも、羊でも、焼かれた後の最後の形は灰です。灰は最も頼りになるものであり、灰は朽ちることのないものです。わたしたちは灰を朽ちさせることはできませんし、灰を消滅させることもできません。灰は最後の段階のものです。赤い雌牛が焼かれて灰になることは、主の贖いに含まれている永遠に変わることのない効力を予表しています。主がわたしたちのためになされた罪の贖いのみわざは、最も信頼できるものです。わたしたちは、山の石がとても頼りになるものだと思うべきではなく、石であっても焼かれて灰になってしまうということを知るべきです。灰は石よりもさらに頼りになるものです。赤い雌牛の灰は、主がわたしたちのために準備された、永遠に変わることのない、永遠に朽ちることのない贖いを予表しています。いかなる時でも、わたしたちはそれを用いることができるのです。もしクリスチャンが不幸にも清くないものに触れて、汚れたとしても、彼は再び主に自分のために死んでいただくよう求めに行く必要はありません。ただその永遠に朽ちることのない灰の効力に信頼して、命の流れの水を取って彼の体に注ぎかければそれでよいのです。そうすれば彼は清められます。言い換えれば、赤い雌牛の灰がわたしたちに告げていることは、十字架という過去のみわざは、今日用いるためのものであるということです。あるいは、十字架の効用は将来のすべての必要を含んでいると言えます。この灰はおもに将来のものを対処するためのものであり、ただ一度だけ、一頭の赤い雌牛を焼いて灰にすれば、一生涯、用いることができるのです。神に感謝します。主イエスの贖いは、わたしたちが一生涯、用いることのできるものです。彼の死は、わたしたちのすべての罪を担いました。

四　罪を告白する必要がある

わたしたちは主のみわざの面を見てきました。すなわち、贖いと、わたしたちの罪を取り除くことです。わたしたちの側では、どうすべきでしょうか？

ヨハネの第一の手紙第一章九節は言います、「もし、わたしたちが自分の罪を告白するなら、神は信実で義であられるので、わたしたちの罪を赦し、すべての不義からわたしたちを清めてくださいます」。ここでの「わたしたち」は、信者を指しているのであって、罪人を指しているのではありません。信者が罪を犯したなら、必ず罪を告白する必要がありますし、そうしてこそ罪が赦されるのです。信者が罪を犯したことを、放っておいたり、罪を覆い隠してしまってよいのではありません。箴言第二八章十三節は言います、「自分の違反を覆う者は栄えることがない。しかし、告白してそれを捨てる者はあわれみを得る」。信者が罪を犯したなら、必ず罪を告白すべきであり、罪に聞こえの良い名前を与えて自分自身を赦してしまうべきではありません。例えば、うそをつくことは罪です。あなたがうそをついたなら、あなたは罪を犯したことを告白しなければなりません。あなたは、「わたしの話したことは少し言いすぎ（あるいは不十分）でした」と言ってはなりません。あなたは、「わたしは罪を犯しました」と言う必要があります。あなたは別の言葉をもって言い訳をして、罪を隠してはいけません。あなたは神の御前で、あなたがうそをついたという罪を告白しなければなりません。あなたは、うそを言うことを罪に定めなければなりません。

罪を告白することの意味は、神の側に立って罪を罪定めすることです。ここに三者、すなわち神、わたし、罪がいます。神と罪とは両端にあり、わたしは中間にいます。どういうことが罪を犯したことでしょうか？　罪を犯すということは、わたしと罪とが一緒になることであり、わたしが神を離れることです。わたしが罪を犯すやいなや、わたしは神から離れます。わたしと罪が一緒にいながら、わたしと神が一緒にいる方法はありません。アダムは罪を犯した時、すぐに神を避け、神の顔を見ようとはしませんでした（創三・八）。コロサイ人への手紙第一章二一節も言います、「かつてあなたがたは神から離れていて、悪い行ないのために、あなたがたの思いの中で敵であった」。罪を犯すことは、あなたを神から離れさせます。何が罪を告白することでしょうか？　罪を告白することは、神の側に戻って、いま行なったことが罪であると告白することです。わたしは今、神の側に戻りました。わたしは罪と一緒にいません。わたしは罪の反対側に立っています。罪を罪定めします。これが罪を告白することです。ですから、必ず光の中を歩み、罪に対して深い感覚を持ち、深く憎む人であってこそ、真に罪を告白することができるのです。罪に対して感覚がなく、罪を犯すこと、罪を告白することを、日常茶飯事のことのようにしている人は、ただ口先だけで告白しているのであって、それは罪を告白していることにはなりません。

信者が罪を犯したなら、彼の中に感覚があり、すぐに不安を感じます。ちょうど一本のとげが彼の中にあるかのようにです。この不安は聖霊の働きです。この時、彼は聖霊の働きにしたがって、罪は罪であると認めるべきなのです。

信者たちは光の子供たち(エペソ五・八)、神の子供たち(Ｉヨハネ三・一)です。彼らはもはや他人ではなく、父なる神の家の中の人です。家の中では、家の中での様があるべきです。あなたは父なる神の子供なのですから、罪に対しての認識を持つべきであり、罪に対して父なる神のそのような態度を持つべきです。父が罪を見られるように、あなたも罪を見るべきです。罪を告白することは、神の子供が父の家の中で、父が罪に対して取っておられる態度を表すことです。父が罪を罪定めされるように、神の子供もまた罪を罪定めするのです。罪に対する父の態度こそ、罪に対する神の子供の態度であるべきです。もし神の子供が罪を犯したなら、わたしたちの父と同じように必ず罪を罪定めしなければなりません。

もしわたしたちがそのように自分の罪を告白するなら、「神は信実で義であられるので、わたしたちの罪を赦し、すべての不義からわたしたちを清めてくださいます」。もし罪を犯したとしても、わたしたちが自分の罪を知り、わたしたちにこの罪があることを告白するなら、神は必ずわたしたちの罪を赦し、すべての不義からわたしたちを清めてくださるのです。なぜなら「神は信実で」あられるので、ご自身の言葉とご自身の約束を尊重しなければなりませんし、実行しなければならないからです。また神は「義であられる」ので、ご自身のみわざに対して、神の御子の十字架上の贖いに対して、満足しなければなりませんし、無視するわけにはいかないからです。神には約束があるので赦さなければなりません。神には贖いがあるので赦さなければなりません。神は信実であり、義であるから、わたしたちの罪を赦し、わたしたちを不義から清めなければならないのです。

わたしたちはヨハネの第一の手紙第一章の中の二つの「すべて」(七節、九節)に注意する必要があります。「すべての罪」、「すべての不義」が、完全に赦され、完全に清められるのです。これは主がなさることです。主がすべてと言われるからには、すべてであり、絶対にそれを変えてはいけません。主がすべての罪と言われるのですから、すべての罪であり、主を信じる前に犯した罪だけではなく、また過去に犯したすべての罪だけでもありません。主はわたしたちのすべての罪を赦してくださったのです。

五　御父と共にある弁護者

ヨハネの第一の手紙第二章一節は言います、「わたしの小さい子供たちよ、わたしがこれらの事を書き送るのは、あなたがたが罪を犯すことがないためです」。「これらの事」とは、わたしたちの罪がどのようにして神の約束と神のみわざによって赦され、清められたかを指して言っています。ヨハネがこれらの事をわたしたちに書いたのは、わたしたちが罪を犯さないようになるためであり、主がわたしたちのこんなにも多くの罪を赦してくださったということを見て、わたしたちが罪を犯さないようになるためです。赦されるのだからといって、大胆に罪を犯すのではなく、反対に罪を犯さなくなるのです。

その後、続けて言っています、「もしだれかが罪を犯すなら、わたしたちには御父と共にある弁護者、義人イエス・キリストがあります」。御父と共にあるとは、家庭の中の問題であり、これは救われた後のことです。わたしたちはすでに信じましたから、わたしたちは神の多くの子供たちの一人です。わたしたちには御父と共にある弁護者、義人イエス・キリストがあります。「彼はわたしたちの罪のためのなだめの供え物です」。主イエスが死なれたゆえに、主イエスがわたしたちの罪のためのなだめの供え物となられたゆえに、彼は御父と共にあるわたしたちの弁護者となられたのです。これらの言葉は、クリスチャンに対して語られたものです。

ここで言われている罪のためのなだめの供え物は、民数記第十九章で言っている赤い雌牛の灰のことです。民数記第十九章は、主が十字架ですでに成就されたみわざに基づいて、わたしたちの将来の罪を赦してくださるということを予表しています。さらに新しい十字架を必要とするのではなく、主の十字架上での一度限りのみわざだけでよいのです。十字架のあの永遠の贖いのみわざがあるので、わたしたちの罪は赦されています。あの供え物は普通の供え物ではなく、ずっと用いられるものです。灰であるために、継続して用いることができるのです。主イエス・キリストは、ご自身の血に基づいてわたしたちの弁護者となられました。主イエス・キリストは十字架上で贖いのみわざを成就されました。今日わたしたちは彼の成就されたことによって、ちょうどあの調合された灰の水を取ってわたしたちの身に注いだように清められるのです。ですから、もしあなたが不注意に罪を犯してしまったとしても、決して失望しないでください。決して罪の中に横たわらないでください。決して罪の中にとどまり続けないでください。罪を犯したなら、まず第一に神の御前であなた自身の罪を告白するべきです。神がこれは罪であると言われるなら、あなたもこれは罪であると言うのです。神がこれは当然すべきではないと言われるなら、あなたもこれは当然すべきではないと言うのです。あなたが神にあなたの罪を赦してくださるように求めるなら、神はあなたの罪を赦してくださるということを見るでしょう。こうして、あなたと神との交わりが直ちに回復されるのです。

どの兄弟姉妹も主の御前で罪を犯すべきではありません。一人の人がもし不幸にも罪を犯したなら、まず第一にすぐ神の御前に出て罪を対処し、すぐに今回の罪の問題を解決しなければなりません。決して引き延ばさないでください。早ければ早いほどよいのです。すぐに罪を告白し、神に言いましょう、「わたしには罪があります！」。罪を告白することは、わたしたち自身の自分に対する裁きです。もしわたしたちが自分の罪を告白するなら、神は信実で義であられるから、わたしたちの罪を赦し、またすべての不義からわたしたちを清めてくださいます。

神の子供が罪を犯しながら、それを告白せずにその罪の中にとどまり続けるなら、その人は神の御前で交わりを失ってしまい、神と交わりがなくなるでしょう。彼の良心に一つの穴があき、彼は神の御前で起き上がることができません。彼は神と交わることができるかもしれませんが、彼はこの交わりを心地よいとは感じず、苦しいと感じるでしょう。例えば、一人の子供が外で悪い事をして家へ帰ってくると、ただ父親が彼と話をしないというだけで、何か正しくないと感じます。彼は父親と親密な交わりを持つことができず、内側に隔てがあることを知ります。これが交わりを失うことの苦しみです。

回復する道はただ一つです。わたしたちが神の御前に行き、わたしたちの罪を認め、さらに主イエス・キリストがすでにわたしたちの弁護者となられ、すでにわたしたちのすべての罪を担われたということを信じることです。わたしたちは、神の御前でわたしたちの失敗、わたしたちの正しくないことを、へりくだって告白しなければなりません。わたしたちがこの次に道を歩む時に、おごり高ぶることがないように、いい加減にならないように、主を仰ぎ望みましょう。わたしたちはどんな人よりも良くないということ、いかなる場所においてもつまずく可能性のあるということを見て、十分に学ぶことができますように。神がわたしたちをあわれんでくださり、わたしたちが一歩一歩前進できますように。このように罪を告白するなら、わたしたちは神の御前ですぐに交わりを回復することができ、失っていた喜びと平安もすべて戻ってきます。

最後にわたしたちはやはり、クリスチャンは罪を犯すべきではないと言わなければなりません。罪を犯すことは、わたしたちに苦しみと損失を与えます。どうか神がわたしたちをあわれみ、わたしたちを守ってくださり、神との隔てのない交わりの中にとどまり続けさせ、絶えず前進させてくださいますように！

もしだれかが罪を犯すなら

2012 年 1 月 10 日　初版印刷発行　定価 250 円（本体 238 円）

著　者　ウ　オ　ッ　チ　マ　ン・ニ　ー

発行所　J G W 日　本　福　音　書　房
〒 151-0053 東 京 都 渋 谷 区 代 々 木 1-40-4
TEL 03-3373-7202　FAX 03-3373-7203
（本のご注文）TEL 03-3370-3916　FAX 03-3320-0927
振替口座００１２０－３－２２８８３

ISBN978-4-89061-619-0 C0016 ¥238E